Business French
Parallel Text
Short Stories
French - English

www.polyglotplanet.ink

Learning Business French with parallel text is the most rewarding and effective method to learn a language. Existing vocabulary is refreshed, while new vocabulary is instantly put into practice. Our stories evolve around business making the terms and phrases easier to remember in the learning process.

Learning Business French with Parallel Text is recommended for beginners with a good basis of French-, intermediate level learners and as a refreshers course. The stories have been written to keep the readers attention and are fun to read for you to learn through your motivation.

Table of Contents

PARALLEL TEXT

Difficultés de départ
Growing Pains

Je me suis réveillé tôt lundi matin, avec un nœud aussi gros que mon poing dans mon estomac.
I woke up early Monday morning with a knot in my stomach as big as my fist.

Si un jour devait être désigné comme le premier du reste de ma vie, alors ce serait celui-là.
If any day in my life was going to qualify as the first day of the rest of my life, this would be it.

Mon unique partenaire d'affaires et moi-même avions prévu un rendez-vous avec un **investisseur providentiel** plus tard dans la journée pour parler de notre **business plan**.
*My only business partner and I were scheduled to meet with an **angel investor** later in the day to discuss our **business plan**.*

Je me suis assis à la fenêtre et, pendant un court instant, des milliers de choses sont apparues dans mon esprit.
I sat at the window and for a brief moment a thousand things flashed through my mind.

Mais je devais passer à l'étape sur laquelle je devais me concentrer.
But if I was to move to the next step I needed to focus.

J'ai pris une grosse gorgée de café froid et suis retourné aux affaires en cours.
I took a long drink of cold coffee and returned to the matter at hand.

Chaque entreprise qui **vaut son pesant d'or** débute avec une idée.
*Any business **worth its salt** begins with an idea.*

Après l'idée commence le dur labeur.
After the idea, the hard work begins.

Le dur labeur mène alors à un **business plan bien ficelé**.
*The hard work then translates into a **tight cohesive business plan**.*

Mon **partenaire d'affaires** Jim Bowles et moi-même avions travaillé presque deux ans sur **l'idée de notre entreprise**.
*My **business associate** Jim Bowles and I had worked on our **business idea** for almost two years.*

Comme beaucoup de gens de notre

génération, nous avons grandi dans un sain respect pour l'environnement.
Like many of our generation we had grown up with a healthy respect for the environment.

A la lumière de notre bonne éducation et d'une certaine conscience sociale, nous avions réuni nos compétences et notre énergie, et nous avions poussé la porte du domaine des technologies vertes.
*In light of our good upbringing and a decidedly **social conscience** we gathered our skills and energy and pushed forward into the field of green technology.*

Notre idée et notre point d'ancrage étaient les bioplastiques.
Our idea and area of focus was Bioplastics.

Mon nom était Lannie Parker. Ensemble, nous avons fondé PARKER & BOWLES Bioplastics.
My name was Lannie Parker. Together we founded PARKER & BOWLES Bioplastics.

De notre point de vue, les bioplastiques étaient plus qu'une **innovation à la mode** comme l'avait pensé certains écolos.
*Bioplastics in our view was more than just a **trendy epiphany** imagined by some tree hugger.*

Il s'agissait de **bons sens commercial**.

*It made good **business sense.***

Le plastique, comme matériau de construction, était devenu l'un des **matériaux de base** utilisé dans le **secteur de la manufacture**.
*Plastics, as a building material, had become one of the **primary materials** used in the **manufacturing sector**.*

Parce que le plastique était un produit à base de pétrole, cela impliquait qu'une grande partie du monde **entrepreneurial** qui utilisait du plastique était dépendant du pétrole ; en Amérique du Nord et en Europe, cela signifiait souvent une dépendance aux **exportations** étrangères.
*Because plastic was a petroleum based product that meant a huge portion of the **entrepreneurial** world using plastics was dependent on oil; in North America and Europe that often meant relying on foreign **exports**.*

Changer la manière de faire du plastique et utiliser un matériau naturel issu des plantes pour renouveler la production, cela voudrait dire **changer les règles du jeu** dans des proportions monumentales.
*Changing how we made plastic and using natural plant based material to reformulate its manufacture would be a **game changer** of monumental proportions.*

Produire du plastique à l'aide du gras et des amidons issus de plantes allait mettre un terme à une dépendance malsaine au pétrole, ce qui allait également aider l'industrie à économiser des milliers de dollars de production.
Using the fats and starches from plants to make plastic would end an unhealthy dependence on oil, which would help industry save countless manufacturing dollars.

Utiliser des plantes pour produire du plastique signifiait que l'industrie **pouvait se servir de ressources renouvelables** et cela permettrait à l'industrie de faire ce qu'elle préfèrait... et c'était de l'argent.
Using plants to make plastic meant industry would be ***tapping into*** *a totally* ***renewable resource*** *and that would allow industry to do what it enjoys best ... that was making money.*

Notre travail aujourd'hui était de convaincre notre **investisseur providentiel** que notre idée de business était à la fois **solide et viable**.
Our job today was to convince our ***angel investor*** *that our business idea was both* ***sound and viable.***

Notre **business plan** représentait la documentation officielle de nos objectifs commerciaux, comment ils pouvaient être atteints et les **plans spécifiques** que nous souhaitions utiliser pour les atteindre.

*Our **business plan** would be a formal documentation of our business goals, how they were attainable and the **specific plans** we intended on using to reach them.*

Si nous avions bien fait nos devoirs, notre idée de business allait nous faire gagner les dollars indispensables de nos **investisseurs potentiels**.
*If we had done our homework our business idea would attract the much-needed dollars from our **potential investor.***

Lorsque nous avons enfin rencontré notre **investisseur providentiel** plus tard dans la journée, nous avons été surpris de le reconnaître.
*When we finally met the **angel investor** later that day we were surprised to see that we recognised him.*

L'investisseur providentiel était un homme d'affaires local à la retraite qui avait fait construire tout seul deux magasins d'alimentation dans la région avant cela se transforme en commerce **prospère** et à succès.
*The angel investor was a local retired businessman who had singlehandedly built two building supply stores in the area into a **thriving** and successful business venture.*

De manière si bonne que ce grand magasin qui arrivait dans la région a sagement fait une **offre lucrative** à l'homme d'affaires local et a **racheté son entreprise**.
So well, in fact, that a huge box store moving into the area had wisely made a ***lucrative offer*** *to the local business owner and subsequently* ***bought him out.***

Lorsqu'il a commencé à lire notre business plan, il a rappelé à mon partenaire et à moi-même que tout investissement qu'il ferait dans notre entreprise serait en échange d'une **dette convertible** ou de **parts de propriété égales**.
When he began to read through our business plan, he reminded my partner and I that any investments he might make in our company would be in exchange for ***convertible debt*** *or* ***ownership equity.***

Jim et moi-même nous étions regardés nerveusement alors que le l'homme plus âgé avait fixé ses lunettes au bout de son nez et survolait nos papiers avec un regard sérieux sur sa figure.
Both Jim and I looked nervously at one another while the older gentleman propped his glasses on the tip of his nose and proceeded to scan our paperwork with a serious look on his face.

La première partie de notre business plan était le **résumé**.
The first component of the business plan was

*the **Executive Summary**.*

Nous nous sentions en confiance sur ce point.
We felt confident at this point.

Jim Bowles avait collaboré avec une entreprise d'informatique high tech de la ville pendant quelques années dans une position de management, jusqu'à ce que le **fiasco financier** de 2008 la conduise à la f**aillite**.
*Jim Bowles had been involved in a high tech computer company in the city in a management capacity for a good number of years or at least until the **financial fiasco** of 2008 drove it into **bankruptcy**.*

Son éducation académique s'était faite dans la chimie.
His actual academic background though was as a chemist.

En ce qui me concerne, j'avais été opérateur/ propriétaire d'une entreprise d'approvisionnement agricole et j'avais suivi à l'uni une spécialisation en gestion des affaires.
*As for myself, I had been the operator owner of an agricultural **supply company** and a business major while in university.*

Nous regardions comment notre investisseur providentiel passait d'un papier à l'autre avec son doigt.

We watched as our angel investor ran his finger down the paper to the next heading.

Il s'agissait d'un **profil de clientèle**.
*It was **Customer Analysis**.*

Nous avions tout deux revu en silence cette partie du plan dans nos têtes au même moment car un sourire confiant a illuminé nos visages.
We both must have been silently reviewing that portion of the plan in our heads at the very same time because a confident smile filled our faces.

Le plastique était un matériau de construction **reconnu**.
*Plastic was an **established** building material.*

Si nous pouvions le rendre moins cher que le plastique à base de pétrole et plus respectueux de l'environnement grâce à la biodégradation, alors ce serait un **choix évident.**
*If we could make it cheaper than petroleum based plastic and more environmentally friendly through biodegrading then it would be a **no brainer**.*

Cela allait mener à un solide **revenu**.
*It would add up to good solid **revenue**.*

La dernière partie de notre business plan était

l'**analyse de concurrence**.
The last portion of the business plan was the ***Competitive Analysis.***

Quelle sorte d'entreprises existait déjà sur le marché qui pouvait être considérée comme de la **concurrence** ?
What kind of businesses already existed in the marketplace that would be considered ***competition****?*

Quels étaient les compétences et services qui allaient différencier notre entreprise et nous démarquer dans le regard des **consommateurs** ?
What skills and services would make our company different and make us stand out in the eyes of ***consumers?***

Au vu de la nature de notre entreprise et de ses technologies vertes, nous étions sûrs que notre concurrence serait **rare**.
Regarding the nature of the business and its green technology we felt confident our competitors were ***few and far between.***

Il s'agissait d'une technologie relativement nouvelle, et nous sentions que nous entrions un **marché encore dans l'enfance**.
It was a relatively new technology and we felt we were ***entering the market in its infancy****.*

Il y aurait des batailles mais, avec notre

détermination, nous espérions franchir les obstacles et trouver des solutions solides à chaque problème rencontré.
There would be struggles, but with determination we hoped we could face the obstacles and find solid solutions to any perceivable problem.

Après une longue délibération, l'investisseur providentiel a finalement pris la parole.
The angel investor finally spoke after a long deliberation.

Il avait fini de lire le business plan.
He had finished reading the business plan.

Il a posé toutes les questions pertinentes.
He asked all the pertinent questions. His response was favourable.

Sa réponse était favorable. Il allait nous faire une offre d'investissement, mais conditionnée par un **examen préalable**.
He would make us an offer of investment, but conditional on ***due diligence****.*

Nous étions tous les deux en extase.
We were both ecstatic.

C'était seulement le premier pas, mais nous étions déjà bien lancés.
It was only the first step but we were well on

our way.

Une entreprise était sur le point de naître.
A business was about to be born.

Conquérir le marché
Capturing the Market

Le panneau de Parker and Bowles Bioplastics était impressionnant alors qu'il se balançait doucement entre deux piliers sur la pelouse en face du complexe industriel.
The sign for Parker and Bowles Bioplastics looked impressive as it swung gently between two large posts on the front lawn of the factory complex.

Lannie Parker, l'un des **propriétaires**, attendait devant la porte.
Lannie Parker, one of the ***founding*** *owners, was waiting at the door.*

"Bonjour, Madame Fletcher, je suis content de vous avoir avec nous", annonça Monsieur Parker alors que je m'approchais.
"Good morning Ms. Fletcher, glad to have you onboard," announced Mr. Parker as I drew closer.

"Je suis contente d'être là », lui répondis-je.
"I'm delighted to be here," I responded.

Monsieur Parker a serré ma main et a souri.
Mr. Parker exchanged a handshake and a

smile.

"Le vrai plaisir commence maintenant", a-t-il dit.
"Now the real fun begins," he said.

J'ai acquiescé et ai presque ri à voix haute avant d'entrer dans le bâtiment.
I nodded and almost chuckled out loud before entering the building.

J'étais à moitié d'accord avec sa remarque.
I agreed only partially with his comment.

Cela allait être du plaisir mais aussi un défi.
It would be fun but it would also be a challenge.

La **commercialisation** d'une idée ou d'un produit, lorsqu'il est encore jeune et n'a pas encore été testé auprès des **clients potentiels**, peut s'avérer effrayante.
***Marketing** an idea or product, especially when it is still new and untested by **potential customers**, can be daunting.*

En tant que **consultante marketing**, j'ai été engagée par Parker and Bowles Bioplastics pour évaluer leurs **besoins** concernant leur nouveau produit.
*As a **marketing consultant**, I was hired by Parker and Bowles Bioplastics to assess their **needs** with respect to their new product.*

J'allais développer un plan d'action selon une perspective marketing et j'allais présenter mes conclusions au client.
I would formulate a plan of action from a marketing perspective and eventually present my findings to the client.

J'espère que j'allais sortir de cette rencontre avec les informations nécessaires pour avancer.
Hopefully I would leave this meeting with the information required to move forward.

Selon les discussions initiales, il était déjà clair que nous allions en premier travailler sur un plan marketing **B2B**.
*From initial discussions it was already clear that to begin with we would be working on a **B2B** marketing plan.*

Comme dans chaque plan, notre première étape serait de prioriser les **objectifs et cibles**.
*Our first step, as with any plan would be to highlight and prioritise **goals and objectives**.*

Les définir serait un point central de l'ordre du jour de cette rencontre.
Establishing them would be central on the agenda in today's meeting.

J'avais déjà commencé le processus de recherche et mon équipe avait trouvé quelques

idées qui allaient au final nous mener au processus de développement de l'importante **marque d'entreprise**.
I had already begun the research process and my team had been pounding out some ideas that would eventually lead into the process of developing the all-important ***company brand.***

Directement après la définition du marché venait le processus complet de l'implémentation de stratégies à succès pour introduire le produit bioplastique de Parker & Bowles dans un certain nombre de branches différentes, dont certaines ne sont pas encore conscientes qu'elles nécessitent ce que cette entreprise offre.
Hard on the heels of establishing the company brand would come the whole process of implementing successful strategies to introduce the Parker & Bowles bioplastic product to a number of different industry sectors; some of which haven't yet woken up to the fact that they need what this company has to offer.

Notre approche marketing devait inclure une large partie liée à la formation.
Our marketing approach would have to include a large educational component.

Nous avions besoin que notre **public cible** connaisse la valeur que ce bioplastique innovant pouvait leur apporter.
We needed to let our ***target audience*** *know*

*what **value** this innovative bioplastic could bring to their table.*

Mon travail était fait sur-mesure pour moi.
My work was cut out for me.

Mais aujourd'hui, il était important de travailler avec le client pour sceller tous ces objectifs et cibles importants, avant d'envoyer qui que ce soit sur le terrain.
But for today it was important to work with the client to nail down those all important goals and objectives before we could set anything in motion.

Tout le monde devait être à la même page pour faire de cette campagne marketing un succès.
Everyone would need to be on the same page to make this marketing campaign a success.

Nous savions que l'un de nos objectifs important et primordiaux pour Parker and Bowles était **d'augmenter la part de marché** de l'entreprise.
*We knew that one of our current top objectives for Parker and Bowles was to **increase market share** for this company.*

Cela faisait dix ans qu'ils étaient nos clients et nous avions développé le plan marketing initial.
It had been ten years since they had become our client and we had developed that initial marketing plan.

Nous avions pris part de manière décisive au succès de ce qui avait été une **start-up** soutenue par une solide formation en science, quelques investisseurs providentiels et des espoirs et prières.
We had definitely been part of the success equation for what was once a fledgling ***start-up*** *company backed by some solid science, a few angel investors plus a hope and a prayer.*

J'étais assise à mon bureau en regardant les dernières statistiques et je souriais.
I was sitting at my desk looking over the latest statistics and I was smiling.

Nous avions fait face avec succès à une crise et j'étais fière des efforts de mon équipe.
We had successfully navigated a crisis and I was proud of my team's effort.

Il y avait plusieurs nouvellec entreprises dans l'industrie du bioplastique en train de coller aux basques de Parker & Bowles et, avec le temps, de plus en plus entraient dans un marché déjà fourni.
There were a number of new companies in the bioplastics industry nipping at the heels of Parker & Bowles and more were entering an already crowded market place all the time.

Dans le dernier **trimestre**, nous avions connu pour la première fois une **perte de part de**

marché et nous savions que nous devions lancer notre programme de développement de **nouveaux segments de marché**.
Last ***quarter*** *had seen* ***market share erosion*** *for the first time and we knew we had to step up our program for developing* ***new market segments****.*

Le **CEO** actuel de Parker & Bowles est connu pour sa capacité à **penser en dehors des sentiers battus**.
The current ***CEO*** *at Parker & Bowles is known for his ability to* ***think outside the box.***

Il comprend le besoin en innovation et a déjà lourdement investi dans le développement de plusieurs nouveaux produits.
He understands the need for innovation and has invested heavily in the development of several brand new products.

Egalement, il a travaillé avec son équipe pour superviser la modification de certains produits déjà développés.
As well, he has worked with his team to oversee the modification of some already developed products.

Ces mesures ont permis à l'entreprise de se positionner dans de nouveaux segments de marché.
These actions have positioned the company to move into some new market segments

Pendant les trois derniers mois, nous avons été en mesure de travailler étroitement avec lui pour ouvrir des **canaux de distribution** pour ces produits bioplastiques nouveaux et modifiés et nos efforts ont clairement été payants.
*Over the past three months we were able to work closely with him to open up **channels of distribution** for these new and modified bioplastic products and our efforts were clearly paying off.*

J'étais particulièrement contente de l'un de nos nouveaux **commissionnaires** avec laquelle nous avons travaillé dans le cadre de notre dernière campagne marketing.
*I was particularly pleased with one of the new **brokers** we were working with in conjunction with our latest marketing campaign.*

Elle avait beaucoup de contacts dans les pays où la législation actuelle forçait les entreprises à **améliorer leurs pratiques**.
*She had many connections in the countries where current legislation was forcing companies to **clean up their act.***

Cela voulait dire qu'elles passaient toutes à des emballages biodégradables pour leurs produits. Elle a été capable de créer des contacts et d'être l'**intermédiaire** indispensable pour **pénétrer** ces nouveaux marchés.

*That meant they were all switching to biodegradable packaging for their products. She was able to make connections and be the **intermediary** that was needed to **penetrate** these new markets.*

Nous n'étions pas encore complètement **sortis d'affaire** et je savais qu'il y allait avoir de nouveaux défis devant nous, mais aujourd'hui j'étais optimiste.
*We hadn't **rounded the corner yet** and I knew there would be some new challenges ahead, but for today I was feeling optimistic.*

Les choses allaient mieux pour Parker & Bowles que lors du dernier trimestre et j'avais de bonnes raisons de penser qu'il y allait avoir plus de raisons de se réjouir l'année suivante.
Things were better for Parker & Bowles than they were last quarter and I had good reason to believe there would be even more reason to celebrate next year.

Le secret de notre succès
The Secret of our Success

Après avoir lu quelques rapports internes préparés par notre département de production, je me sentais soudainement moins optimiste concernant les **profits** de l'année à venir.
*After reading some internal reports prepared by our production department, I was suddenly feeling less than optimistic about **profits** this coming year.*

En tant que CEO de Parker and Bowles, j'étais spécialement fier de mon **approche innovante** des **stratégies de marketing**.
*As **CEO** at Parker and Bowles I took a special pride in my **innovative approach** to **marketing strategies.***

J'avais engagé une bonne entreprise locale pour **implémenter les stratégies** et lorsque l'on se base sur le **rapport financier** de l'année passée, cette décision a été un succès.
*I had hired a good local firm to **implement strategies** and if last year's **financial report** was any indication the move had been a success.*

Mais il semble que mes stratégies de

marketing ne soient pas suffisantes.
But it appeared my marketing strategies were not enough.

Les nombres ne mentent pas et le rapport actuel indique que la production a diminué de manière substantielle pendant le dernier trimestre.
The numbers don't lie and the present report indicated production was substantially down in the last quarter.

J'ai tout de suite su, selon les données fournies par mon manager, que le problème résidait dans notre propre **force de travail**.
*I knew instantly from the data provided by my manager that the problem was our own **labour force**.*

La diminution de la **productivité au travail** devait être analysée par les managers du département de production et par les **ressources humaines**.
*The decrease in **labour productivity** needed to be **analysed cooperatively** by the production department managers and by **Human Resources management.***

Je voulais que les deux départements regardent les données existantes et collectent le plus d'informations possible sur l'usine.
I wanted both departments to look at the existing data and collect as much information

from the actual factory floor.

Ils devaient directement aller à la source.
They needed to go directly to the source.

Sans contribution directe et honnête de la part des ouvriers, tout rapport serait discutable et certainement discrédité.
Without direct and honest input from the workers themselves, any report would be moot and certainly discredited.

J'ai rencontré les **responsables de département** en début de semaine pour parler des résultats de leur rapport.
*I met with **department heads** early the following week to discuss the findings of their report.*

Notre force de travail chez Parker and Bowles se divise en deux groupes de travail principaux.
Our labour force at Parker and Bowles is comprised of two main labour groups.

Il y a un groupe de travail dans l'usine qui travaille directement sur notre produit et ensuite il y a l'équipe administrative.
There is the labour group on the factory floor that works directly with our product and then there is our office staff.

Il y a également un troisième groupe qui doit être inclus dans la discussion, celui des

managers pour le nommer.
There was also a third group that needed to be included in this discussion, namely, the managers.

Il serait intéressant de voir si les tâches que j'ai assignées aux deux départements incluaient des **évaluations de performance** du secteur de management également.
It would be interesting to see if the assigned task I gave my two departments would include ***performance appraisals*** *of the management sector, as well.*

Le premier sujet à l'**ordre du jour** était l'**absentéisme**.
The first topic on the ***agenda*** *was* ***absenteeism****.*

Les faibles statistiques de présence dans l'usine étaient devenues un problème récurrent les mois précédents.
Poor attendance among factory staff was becoming a common problem the last several months.

Je savais de par mes années d'expérience en tant que manager que l'absentéisme pouvait être causé par une longue liste de raisons.
I knew from years of being a manager that absenteeism could be caused by a long list of reasons.

Maladie physique ou blessure, stress mental ou **insatisfaction au travail** étaient quelques unes de ces nombreuses raisons.
*Physical sickness or injury, mental stress, **job dissatisfaction** were just a few of the many reasons.*

Lorsque les ressources humaines ont fait leur rapport, leurs discussions avec les ouvriers soulignaient un problème plus grand et il semblait n'être pas spécifique aux ouvriers mais aux superviseurs immédiats.
When Human Resources made their report their discussions with front line workers on the floor indicated a bigger problem and it seemed to focus not specifically on the worker but on their immediate supervisors.

Les ouvriers soutenaient que quelques superviseurs avaient régulièrement menacé leur emploi et leur gagne-pain en suggérant que l'**externalisation** était considérée pour beaucoup d'entre eux selon leur **cahier des charges**.
*Workers claimed that some supervisors had routinely threatened their jobs and livelihood by suggesting that **outsourcing** was being considered for many of their **job descriptions.***

Ils ont alors prévenu les ouvrier que le début d'une externalisation de leur travail prendrait la forme d'un étude de **management de temps** qui pourrait se traduire par des **licenciements**.

*They also warned workers that a prelude to outsourcing their jobs would be a **Time Management** study which might translate into permanent **layoffs**.*

A la suite de ces menaces, il y a eu trois altercations notifiées entre les mêmes deux superviseurs et plusieurs membres de l'équipe. *As a result of these threats there had been at least three documented altercations between the same two supervisors and several staff members.*

Les échanges ont été mouvementés et n'étaient pas physiques, mais ils avaient laissé les membres de l'équipe en colère et nerveux. *The exchanges had been heated and were not physical in nature but had left staff members angry and nervous.*

La colère et l'**insatisfaction des employés** s'étaient rapidement étendues à travers les rangs et avaient créé une barrière directe entre toute l'équipe de supervision et les ouvriers. *The anger and **employee dissatisfaction** had spread quickly through the ranks and created an immediate barrier between all the supervisory staff and the rank in file.*

Le **délégué syndical** local, représentant les ouvriers, avait déjà rempli une plainte formelle de **harcèlement** mais, malheureusement, j'apprenais cela seulement maintenant.

*The local **shop steward** representing the workers had already issued a formal complaint of **harassment** but, unfortunately, I was only learning about this now.*

Pour compliquer encore les choses, une des superviseurs avait prétendument utilisé un terme péjoratif à caractère racial contre un opérateur des machines.
To make matters worse, one of the supervisors had allegedly used a racially derogatory term against a machine operator.

Après avoir entendu parler de ces incidents, ma première mesure a été de demander aux ressources humaines de débuter le processus de **résolution de conflit**.
*My first order of business, after hearing about these incidents was to direct Human Resources personnel to begin the process of **conflict resolution.***

L'entreprise n'avait pas l'intention d'externaliser l'un des emplois existants, ni n'avait l'intention de mettre sur pied des études de management de temps.
The company had no plans for outsourcing any of the existing jobs, nor were we planning any Time Management studies.

Les menaces des superviseurs étaient dénuées de sens et faisaient preuvre d'amateurisme.

The threats from supervisors had been mindless and unprofessional.

L'insulte raciale avait été totalement irresponsable et inacceptable provenant d'un représentant de l'équipe de management.
The racial slur had been totally irresponsible and unacceptable coming from a representative of my management team.

J'avais besoin que tout le monde travaillant chez Parker and Bowles le sache.
I needed to ensure that everyone working at Parker and Bowles was aware of this.

Au vu des **mauvaises compétences de leadership** démontrées par ces superviseurs, j'ai demandé aux ressources humaines d'examiner les conditions de **recrutement** pour le **personnel** de management aux niveaux moyen et supérieur.
*Given the **shoddy leadership skills** shown by these supervisors I asked Human Resources to review their **recruitment** policies for middle and upper management **personnel**.*

J'ai aussi demandé que de nouvelles procédures de **formation** soient mises sur pied pour ces deux groupes.
*I also instructed that new **training** procedures be instituted for both these groups.*

J'ai insisté auprès des ressources humaines

sur mes attentes que toute l'équipe soit consciente dans le futur de l'importance vitale de la **diversité** et de l'**intégration** parmi les employés sur leur place de travail.
*I emphasised to Human Resources my expectation that in the future all staff be made aware of the vital importance of **diversity** and **inclusion** among all employees in the **workplace**.*

En tant que suite naturelle des **procédures de recrutement et de formation**, j'ai implémenté un nouveau programme d'**évaluation de performance** qui serait mené de manière régulière tous les six mois par les ouvriers et par le management du personnel.
*As a natural follow-up to **recruitment and training procedures** I implemented a new program of **performance appraisals** that would be routinely scheduled every six months for both workers and management personnel.*

Alors que je dictais ces nouvelles directives à la **secrétaire** envoyée par les ressources humaines, j'ai noté un froncement des sourcils sur son visage.
*As I was dictating these new directives to the **secretary** sent from Human Resources I noticed a frown building in her face.*

"Est-ce qu'il manque quelques chose ? ", lui ai-je demandé curieusement.
"Is there anything I missed?" I asked curiously.

"En fait, Monsieur, il y a une chose, " répondit-elle.
"Actually, Sir, there is one thing," she responded.

"Il y a eu beaucoup de discussions parmi les employés administratifs à propos de leur salaire.
"There has been a great deal of talk among office staff lately about their wages.

Les gars dans la fabrique sont **syndiqués**, nous ne le sommes pas.
*The guys down on the floor are **unionized**, but we are not.*

Il semblerait qu'il y ait de la place dans ces changements pour des discussions sérieuses sur les **disparités salariales**. "
*It seems there might be some room in these changes for some serious talk about **wage disparity."***

J'ai souri. Elle avait raison.
I smiled. She was right.

Les **membres fondateurs** de cette entreprise avaient eu une idée immense et fantastique.
*The **founding members** of this company had a great and wonderful idea.*

L'idée arrive en premier, mais ensuite vient la

monumentale tâche de la mettre en œuvre.
The idea does come first, but after it follows the monumental task of making it happen.

Et cela demande un dur labeur.
And that takes hard work.

"Quand vous retournerez à votre bureau, demandez au **responsable de votre département** de venir me voir.
*"When you get back to your office, ask your **department head** to come and see me.*

Je ne vais pas mentionner que vous avez participé à cette discussion, " lui dis-je.
I won't mention you were part of this conversation," I said.

La secrétaire riait en sortant du bureau.
The secretary laughed as she exited the office.

"Vous n'allez pas le regretter", dit-elle au-dessus de son épaule.
"You won't regret it," she called over her shoulder.

"Je sais, " dis-je en riant.
"I know," I laughed.

FRENCH

Difficultés de départ

Je me suis réveillé tôt lundi matin, avec un nœud aussi gros que mon poing dans mon estomac. Si un jour devait être désigné comme le premier du reste de ma vie, alors ce serait celui-là. Mon unique partenaire d'affaires et moi-même avions prévu un rendez-vous avec un **investisseur providentiel** plus tard dans la journée pour parler de notre **business plan**.

Je me suis assis à la fenêtre et, pendant un court instant, des milliers de choses sont apparues dans mon esprit. Mais je devais passer à l'étape sur laquelle je devais me concentrer. J'ai pris une grosse gorgée de café froid et suis retourné aux affaires en cours. Chaque entreprise qui **vaut son pesant d'or** débute avec une idée. Après l'idée commence le dur labeur. Le dur labeur mène alors à un **business plan bien ficelé**.

Mon **partenaire d'affaires** Jim Bowles et moi-même avions travaillé presque deux ans sur **l'idée de notre entreprise**. Comme beaucoup de gens de notre génération, nous avons grandi dans un sain respect pour l'environnement. A la lumière de notre bonne éducation et d'une certaine conscience sociale, nous avions réuni nos compétences et notre énergie, et nous avions poussé la porte du domaine des technologies vertes. Notre idée et notre point d'ancrage étaient les bioplastiques. Mon nom était Lannie Parker. Ensemble, nous avons fondé PARKER & BOWLES Bioplastics.

De notre point de vue, les bioplastiques étaient plus qu'une **innovation à la mode** comme l'avait pensé certains écolos. Il s'agissait de **bons sens commercial**. Le plastique, comme matériau de construction, était devenu l'un des **matériaux de base** utilisé dans le **secteur de la manufacture**.

Parce que le plastique était un produit à base de pétrole, cela impliquait qu'une grande partie du monde **entrepreneurial** qui utilisait du plastique était dépendant du pétrole ; en Amérique du Nord et en Europe, cela signifiait souvent une dépendance aux **exportations** étrangères.

Changer la manière de faire du plastique et utiliser un matériau naturel issu des plantes pour renouveler la production, cela voudrait dire **changer les règles du jeu** dans des proportions monumentales.

Produire du plastique à l'aide du gras et des amidons issus de plantes allait mettre un terme à une dépendance malsaine au pétrole, ce qui allait également aider l'industrie à économiser des milliers de dollars de production. Utiliser des plantes pour produire du plastique signifiait que l'industrie **pouvait se servir de ressources renouvelables** et cela permettrait à l'industrie de faire ce qu'elle préfèrait... et c'était de l'argent.

Notre travail aujourd'hui était de convaincre notre **investisseur providentiel** que notre idée de business était à la fois **solide et viable**.

Notre **business plan** représentait la documentation officielle de nos objectifs commerciaux, comment ils pouvaient être atteints et les **plans spécifiques** que nous souhaitions utiliser pour les atteindre. Si nous avions bien fait nos devoirs, notre idée de business allait nous faire gagner les dollars indispensables de nos **investisseurs potentiels**.

Lorsque nous avons enfin rencontré notre **investisseur providentiel** plus tard dans la journée, nous avons été surpris de le reconnaître. L'investisseur providentiel était un homme d'affaires local à la retraite qui avait fait construire tout seul deux magasins d'alimentation dans la région avant cela se transforme en commerce **prospère** et à succès.

De manière si bonne que ce grand magasin qui arrivait dans la région a sagement fait une

offre lucrative à l'homme d'affaires local et a **racheté son entreprise**. Lorsqu'il a commencé à lire notre business plan, il a rappelé à mon partenaire et à moi-même que tout investissement qu'il ferait dans notre entreprise serait en échange d'une **dette convertible** ou de **parts de propriété égales**. Jim et moi-même nous étions regardés nerveusement alors que le l'homme plus âgé avait fixé ses lunettes au bout de son nez et survolait nos papiers avec un regard sérieux sur sa figure. La première partie de notre business plan était le **résumé**. Nous nous sentions en confiance sur ce point. Jim Bowles avait collaboré avec une entreprise d'informatique high tech de la ville pendant quelques années dans une position de management, jusqu'à ce que le **fiasco financier** de 2008 la conduise à la **faillite**.

Son éducation académique s'était faite dans la chimie. En ce qui me concerne, j'avais été opérateur/propriétaire d'une entreprise d'approvisionnement agricole et j'avais suivi à l'uni une spécialisation en gestion des affaires.

Nous regardions comment notre investisseur providentiel passait d'un papier à l'autre avec son doigt. Il s'agissait d'un **profil de clientèle**. Nous avions tout deux revu en silence cette partie du plan dans nos têtes au même moment car un sourire confiant a illuminé nos visages. Le plastique était un matériau de construction **reconnu**. Si nous pouvions le rendre moins cher que le plastique à base de pétrole et plus respectueux de l'environnement grâce à la biodégradation, alors ce serait un **choix évident.** Cela allait mener à un solide **revenu**.

La dernière partie de notre business plan était l'**analyse de concurrence**. Quelle sorte d'entreprises existait déjà sur le marché qui pouvait être considérée comme de la **concurrence** ? Quels étaient les compétences et services qui allaient différencier notre entreprise et nous démarquer dans le regard des **consommateurs** ?

Au vu de la nature de notre entreprise et de ses technologies vertes, nous étions sûrs que notre concurrence serait **rare**. Il s'agissait d'une technologie relativement nouvelle, et nous sentions que nous entrions un **marché encore dans l'enfance**. Il y aurait des batailles mais, avec notre détermination, nous espérions franchir les obstacles et trouver des solutions solides à chaque problème rencontré.

Après une longue délibération, l'investisseur providentiel a finalement pris la parole. Il avait fini de lire le business plan. Il a posé toutes les questions pertinentes. Sa réponse était favorable. Il allait nous faire une offre d'investissement, mais conditionnée par un **examen préalable**. Nous étions tous les deux en extase. C'était seulement le premier pas, mais nous étions déjà bien lancés. Une entreprise était sur le point de naître.

Conquérir le marché

Le panneau de Parker and Bowles Bioplastics était impressionnant alors qu'il se balançait doucement entre deux piliers sur la pelouse en face du complexe industriel. Lannie Parker, l'un des propriétaires, attendait devant la porte.

"Bonjour, Madame Fletcher, je suis content de vous avoir avec nous", annonça Monsieur Parker alors que je m'approchais.
"Je suis contente d'être là », lui répondis-je.
Monsieur Parker a serré ma main et a souri.
"Le vrai plaisir commence maintenant", a-t-il dit.

J'ai acquiescé et ai presque ri à voix haute avant d'entrer dans le bâtiment. J'étais à moitié d'accord avec sa remarque. Cela allait être du plaisir mais aussi un défi. La **commercialisation** d'une idée ou d'un produit, lorsqu'il est encore jeune et n'a pas encore été testé auprès des **clients potentiels**, peut s'avérer effrayante. En tant que **consultante marketing**, j'ai été engagée par Parker and Bowles Bioplastics pour évaluer leurs **besoins** concernant leur nouveau produit. J'allais développer un plan d'action selon une perspective marketing et j'allais présenter mes conclusions au client. J'espère que j'allais sortir de cette rencontre avec les informations nécessaires pour avancer.

Selon les discussions initiales, il était déjà clair que nous allions en premier travailler sur un plan marketing **B2B**. Comme dans chaque plan, notre première étape serait de prioriser les **objectifs et cibles**. Les définir serait un point central de l'ordre du jour de cette rencontre. J'avais déjà commencé le processus de recherche et mon équipe avait trouvé quelques idées qui allaient au final nous mener au processus de développement de l'importante **marque d'entreprise**.

Directement après la définition du marché venait le processus complet de l'implémentation de stratégies à succès pour introduire le produit bioplastique de Parker & Bowles dans un certain nombre de branches différentes, dont certaines ne sont pas encore conscientes qu'elles nécessitent ce que cette entreprise offre.

Notre approche marketing devait inclure une large partie liée à la formation. Nous avions besoin que notre **public cible** connaisse la valeur que ce bioplastique innovant pouvait leur apporter. Mon travail était fait sur-mesure pour moi. Mais aujourd'hui, il était important de travailler avec le client pour sceller tous ces objectifs et cibles importants, avant d'envoyer qui que ce soit sur le terrain. Tout le monde devait être à la même page pour faire de cette campagne marketing un succès.

Nous savions que l'un de nos objectifs important et primordiaux pour Parker and Bowles était **d'augmenter la part de marché** de l'entreprise. Cela faisait dix ans qu'ils étaient nos clients et nous avions développé le plan marketing initial. Nous avions pris part de manière décisive au succès de ce qui avait été une **start-up** soutenue par une solide formation en science, quelques investisseurs providentiels et des espoirs et prières.

J'étais assise à mon bureau en regardant les dernières statistiques et je souriais. Nous avions fait face avec succès à une crise et j'étais fière des efforts de mon équipe. Il y avait plusieurs nouvellec entreprises dans l'industrie du bioplastique en train de coller aux basques de Parker & Bowles et, avec le temps, de plus en plus entraient dans un marché déjà fourni. Dans le dernier **trimestre**, nous avions connu pour la première fois une **perte de part de marché** et nous savions que nous devions lancer notre programme de développement de **nouveaux segments de marché**.

Le **CEO** actuel de Parker & Bowles est connu pour sa capacité à **penser en dehors des sentiers battus**. Il comprend le besoin en innovation et a déjà lourdement investi dans le développement de plusieurs nouveaux produits. Egalement, il a travaillé avec son équipe pour superviser la modification de certains produits déjà développés. Ces mesures ont permis à l'entreprise de se positionner dans de nouveaux segments de marché. Pendant les trois derniers mois, nous avons été en mesure de travailler étroitement avec lui pour ouvrir des **canaux de distribution** pour ces produits bioplastiques nouveaux et modifiés et nos efforts ont clairement été payants.

J'étais particulièrement contente de l'un de nos nouveaux **commissionnaires** avec laquelle nous avons travaillé dans le cadre de notre dernière campagne marketing. Elle avait beaucoup de contacts dans les pays où la législation actuelle forçait les entreprises à **améliorer leurs pratiques**. Cela voulait dire qu'elles passaient toutes à des emballages biodégradables pour leurs produits. Elle a été capable de créer des contacts et d'être l'**intermédiaire** indispensable pour **pénétrer** ces nouveaux marchés.

Nous n'étions pas encore complètement **sortis d'affaire** et je savais qu'il y allait avoir de nouveaux défis devant nous, mais aujourd'hui j'étais optimiste. Les choses allaient mieux pour Parker & Bowles que lors du dernier trimestre et j'avais de bonnes raisons de penser qu'il y allait avoir plus de raisons de se réjouir l'année suivante.

Le secret de notre succès

Après avoir lu quelques rapports internes préparés par notre département de production, je me sentais soudainement moins optimiste concernant les **profits** de l'année à venir. En tant que CEO de Parker and Bowles, j'étais spécialement fier de mon **approche innovante** des **stratégies de marketing**. J'avais engagé une bonne entreprise locale pour **implémenter les stratégies** et lorsque l'on se base sur le **rapport financier** de l'année passée, cette décision a été un succès.

Mais il semble que mes stratégies de marketing ne soient pas suffisantes. Les nombres ne mentent pas et le rapport actuel indique que la production a diminué de manière substantielle pendant le dernier trimestre. J'ai tout de suite su, selon les données fournies par mon manager, que le problème résidait dans notre propre **force de travail**. La diminution de la **productivité au travail** devait être analysée par les managers du département de production et par les **ressources humaines**. Je voulais que les deux départements regardent les données existantes et collectent le plus d'informations possible sur l'usine. Ils devaient directement aller à la source. Sans contribution directe et honnête de la part des ouvriers, tout rapport serait discutable et certainement discrédité.

J'ai rencontré les **responsables de département** en début de semaine pour parler des résultats de leur rapport. Notre force de travail chez Parker and Bowles se divise en deux groupes de travail principaux. Il y a un groupe de travail dans l'usine qui travaille directement sur notre produit et ensuite il y a l'équipe administrative. Il y a également un troisième groupe qui doit être inclus dans la discussion, celui des managers pour le nommer. Il serait intéressant de voir si les tâches que j'ai assignées aux deux départements incluaient des **évaluations de performance** du secteur de management également.

Le premier sujet à l'**ordre du jour** était l'**absentéisme**. Les faibles statistiques de présence dans l'usine étaient devenues un problème récurrent les mois précédents. Je savais de par mes années d'expérience en tant que manager que l'absentéisme pouvait être causé par une longue liste de raisons. Maladie physique ou blessure, stress mental ou **insatisfaction au travail** étaient quelques unes de ces nombreuses raisons.

Lorsque les ressources humaines ont fait leur rapport, leurs discussions avec les ouvriers soulignaient un problème plus grand et il semblait n'être pas spécifique aux ouvriers mais aux superviseurs immédiats. Les ouvriers soutenaient que quelques superviseurs avaient régulièrement menacé leur emploi et leur gagne-pain en suggérant que l'**externalisation** était considérée pour beaucoup d'entre eux selon leur **cahier des charges**. Ils ont alors prévenu les ouvrier que le début d'une externalisation de leur travail prendrait la forme d'un étude de **management de temps** qui pourrait se traduire par des **licenciements**.

A la suite de ces menaces, il y a eu trois altercations notifiées entre les mêmes deux superviseurs et plusieurs membres de l'équipe. Les échanges ont été mouvementés et n'étaient pas physiques, mais ils avaient laissé les membres de l'équipe en colère et nerveux. La colère et l'**insatisfaction des employés** s'étaient rapidement étendues à travers les rangs et avaient créé une barrière directe entre toute l'équipe de supervision et les ouvriers.

Le **délégué syndical** local, représentant les ouvriers, avait déjà rempli une plainte formelle de **harcèlement** mais, malheureusement, j'apprenais cela seulement maintenant. Pour compliquer encore les choses, une des superviseurs avait prétendument utilisé un terme péjoratif à caractère racial contre un opérateur des machines.

Après avoir entendu parler de ces incidents, ma première mesure a été de demander aux ressources humaines de débuter le processus de **résolution de conflit**. L'entreprise n'avait pas l'intention d'externaliser l'un des emplois existants, ni n'avait l'intention de mettre sur pied des études de management de temps. Les menaces des superviseurs étaient dénuées de sens et faisaient preuvre d'amateurisme. L'insulte raciale avait été totalement irresponsable et inacceptable provenant d'un représentant de l'équipe de management. J'avais besoin que tout le monde travaillant chez Parker and Bowles le sache.

Au vu des **mauvaises compétences de leadership** démontrées par ces superviseurs, j'ai demandé aux ressources humaines d'examiner les conditions de **recrutement** pour le **personnel** de management aux niveaux moyen et supérieur. J'ai aussi demandé que de nouvelles procédures de **formation** soient mises sur pied pour ces deux groupes. J'ai insisté auprès des ressources humaines sur mes attentes que toute l'équipe soit consciente dans le futur de l'importance vitale de la **diversité** et de l'**intégration** parmi les employés sur leur place de travail.

En tant que suite naturelle des **procédures de recrutement et de formation**, j'ai implémenté un nouveau programme d'**évaluation de performance** qui serait mené de manière régulière tous les six mois par les ouvriers et par le management du personnel.

Alors que je dictais ces nouvelles directives à la **secrétaire** envoyée par les ressources humaines, j'ai noté un froncement des sourcils sur son visage.

"Est-ce qu'il manque quelques chose ? ", lui ai-je demandé curieusement. "En fait, Monsieur, il y a une chose, " répondit-elle.

"Il y a eu beaucoup de discussions parmi les employés administratifs à propos de leur salaire. Les gars dans la fabrique sont **syndiqués**, nous ne le sommes pas. Il semblerait qu'il y ait de la place dans ces changements pour des discussions sérieuses sur les **disparités salariales**. "

J'ai souri. Elle avait raison. Les **membres fondateurs** de cette entreprise avaient eu une idée immense et fantastique. L'idée arrive en premier, mais ensuite vient la monumentale tâche de la mettre en œuvre. Et cela demande un dur labeur. "Quand vous retournerez à votre bureau, demandez au **responsable de votre département** de venir me voir. Je ne vais pas mentionner que vous avez participé à cette discussion, " lui dis-je.

La secrétaire riait en sortant du bureau. "Vous n'allez pas le regretter", dit-elle au-dessus de son épaule. "Je sais, " dis-je en riant.

ENGLISH

Growing Pains

I woke up early Monday morning with a knot in my stomach as big as my fist. If any day in my life was going to qualify as the first day of the rest of my life, this would be it. My only business partner and I were scheduled to meet with an **angel investor** later in the day to discuss our **business plan**.

I sat at the window and for a brief moment a thousand things flashed through my mind. But if I was to **move to the next step** I needed to focus. I took a long drink of cold coffee and returned to the matter at hand. Any business **worth its salt** begins with an idea. After the idea, the hard work begins. The hard work then translates into a **tight cohesive business plan.**

My **business associate** Jim Bowles and I had worked on our business idea for almost two years. Like many of our generation we had grown up with a healthy respect for the environment. In light of our good upbringing and a decidedly **social conscience** we gathered our skills and energy and pushed forward into the field of green technology. Our idea and area of focus was Bioplastics. My name was Lannie Parker. Together we **founded** PARKER & BOWLES Bioplastics.

Bioplastics in our view was more than just a **trendy epiphany** imagined by some tree hugger. It made good **business sense**. Plastics, as a building material, had become one of the **primary materials** used in the **manufacturing sector**. Because plastic was a petroleum based product that meant a huge portion of the **entrepreneurial** world using plastics was dependent on oil; in North America and Europe that often meant relying on foreign **exports**. Changing how we made plastic and using natural plant based material to reformulate its manufacture would be a **game changer** of monumental proportions.

Using the fats and starches from plants to make plastic would end an unhealthy dependence on oil, which would help industry save countless manufacturing dollars. Using plants to make plastic meant industry would be **tapping into** a totally **renewable resource** and that would allow industry to do what it enjoys best ... that was making money.
Our job today was to convince our **angel investor** that our business idea was both **sound and viable**. Our **business plan** would be a formal documentation of our business goals, how they were attainable and the specific plans we intended on using to reach them. If we had done our homework our

business idea would attract the much-needed dollars from our **potential investor**.

When we finally met the **angel investor** later that day we were surprised to see that we recognised him. The angel investor was a local retired businessman who had singlehandedly built two building supply stores in the area into a **thriving** and successful **business venture**. So well, in fact, that a huge box store moving into the area had wisely made a **lucrative offer** to the local business owner and subsequently **bought him out**.
When he began to read through our business plan, he reminded my partner and I that any investments he might make in our company would be in exchange for **convertible debt** or **ownership equity.** Both Jim and I looked nervously at one another while the older gentleman propped his glasses on the tip of his nose and proceeded to scan our paperwork with a serious look on his face.

The first component of the business plan was the **Executive Summary**. We felt confident at this point. Jim Bowles had been involved in a high tech computer company in the city in a management capacity for a good number of years or at least until the **financial fiasco** of 2008 drove it into **bankruptcy.** His actual academic background though was as a chemist. As for myself, I had been the operator owner of an agricultural supply company and a business major while in university.

We watched as our angel investor ran his finger down the paper to the next heading. It was **Customer Analysis**. We both must have been silently reviewing that portion of the plan in our heads at the very same time because a confident smile filled our faces. Plastic was an **established** building material. If we could make it cheaper than petroleum based plastic and more environmentally friendly through biodegrading then it would be a **no brainer**. It would add up to good solid **revenue**.

The last portion of the business plan was the **Competitive Analysis.** What kind of businesses already existed in the marketplace that would be considered **competition**? What skills and services would make our company different and make us stand out in the eyes of **consumers.** Given the nature of the business and its green technology we felt confident our competitors were **few and far between**. It was a relatively new technology and we felt we were **entering the market** in its infancy. There would be struggles, but with determination we hoped we could face the obstacles and find solid solutions to any perceivable problem.

The angel investor finally spoke after a long deliberation. He had finished reading the business plan. He asked all the pertinent questions. His response was favourable. He would make us an offer of investment, but conditional on **due diligence**. We were both ecstatic. It was only the first step but we were well on our way. A business was about to be born.

Capturing the Market

The sign for Parker and Bowles Bioplastics looked impressive as it swung gently between two large posts on the front lawn of the factory complex. Lannie Parker, one of the **founding** owners, was waiting at the door.

"Good morning Ms. Fletcher, glad to have you onboard," announced Mr. Parker as I drew closer.
"I'm delighted to be here," I responded.
Mr. Parker exchanged a handshake and a smile.
"Now the real fun begins," he said.

I nodded and almost chuckled out loud before entering the building. I agreed only partially with his comment. It would be fun but it would also be a challenge. **Marketing** an idea or product, especially when it is still new and untested by **potential customers**, can be daunting. As a **marketing consultant**, I was hired by Parker and Bowles Bioplastics to assess their **needs** with respect to their new product. I would formulate a plan of action from a marketing perspective and eventually present my findings to the client. Hopefully I would leave this meeting with the information required to move forward. From initial discussions it was already clear that to begin with we would be working on a **B2B** marketing plan. Our first step, as with any plan would be to highlight and prioritise **goals and objectives**. Establishing them would be central on the agenda in today's meeting. I had already begun the research process and my team had been pounding out some ideas that would eventually lead into the process of developing the all-important **company brand.**

Hard on the heels of establishing the company brand would come the whole process of implementing successful strategies to introduce the Parker & Bowles bioplastic product to a number of different industry sectors; some of which haven't yet woken up to the fact that they need what this company has to offer. Our marketing approach would have to include a large educational component.
We needed to let our **target audience** know what **value** this innovative bioplastic could bring to their table. My work was cut out for me. But for today it was important to work with the client to nail down those all important goals and objectives before we could set anything in motion. Everyone would need to be on the same page to make this marketing campaign a success.

We knew that one of our current top objectives for Parker and Bowles was to **increase market**

share for this company. It had been ten years since they had become our client and we had developed that initial marketing plan. We had definitely been part of the success equation for what was once a fledgling **start-up** company backed by some solid science, a few angel investors plus a hope and a prayer.

I was sitting at my desk looking over the latest statistics and I was smiling. We had successfully navigated a crisis and I was proud of my team's effort. There were a number of new companies in the bioplastics industry nipping at the heels of Parker & Bowles and more were entering an already crowded market place all the time. Last **quarter** had seen **market share erosion** for the first time and we knew we had to step up our program for developing **new market segments**.

The current **CEO** at Parker & Bowles is known for his ability to think outside the box. He understands the need for innovation and has invested heavily in the development of several brand new products. As well, he has worked with his team to oversee the modification of some already developed products. These actions have positioned the company to move into some new market segments. Over the past three months we were able to work closely with him to open up **channels of distribution** for these new and modified bioplastic products and our efforts were clearly paying off.

I was particularly pleased with one of the new

brokers we were working with in conjunction with our latest marketing campaign. She had many connections in the countries where current legislation was forcing companies to clean up their act. That meant they were all switching to biodegradable packaging for their products. She was able to make connections and be the **intermediary** that was needed to **penetrate** these new markets.

We hadn't completed rounded the corner yet and I knew there would be some new challenges ahead, but for today I was feeling optimistic. Things were better for Parker & Bowles than they were last quarter and I had good reason to believe there would be even more reason to celebrate next year.

The Secret of our Success

After reading some internal reports prepared by our production department, I was suddenly feeling less than optimistic about **profits** this coming year. As **CEO** at Parker and Bowles I took a special pride in my **innovative approach** to **marketing strategies.** I had hired a good local firm to **implement strategies** and if last year's **financial report** was any indication the move had been a success.

But it appeared my marketing strategies were not enough. The numbers don't lie and the present report indicated production was substantially down in the last quarter. I knew instantly from the data provided by my manager that the problem was our own **labour force**. The decrease in **labour productivity** needed to be **analysed cooperatively** by the production department managers and by **Human Resources management.** I wanted both departments to look at the existing data and collect as much information from the actual factory floor. They needed to go directly to the source. Without direct and honest input from the workers themselves, any report would be moot and certainly discredited.

I met with **department heads** early the following week to discuss the findings of their report. Our labour force at Parker and Bowles is comprised of two main labour groups. There is the labour group on the factory floor that works directly with our product and then there is our office staff. There was also a third group that needed to be included in this discussion, namely, the managers. It would be interesting to see if the assigned task I gave my two departments would include **performance appraisals** of the management sector, as well.

The first topic on the **agenda** was **absenteeism**. Poor attendance among factory staff was becoming a common problem the last several months. I knew from years of being a manager that absenteeism could be caused by a long list of reasons. Physical sickness or injury, mental stress, **job dissatisfaction** were just a few of the many reasons.

When Human Resources made their report their discussions with front line workers on the floor indicated a bigger problem and it seemed to focus not specifically on the worker but on their immediate supervisors. Workers claimed that some supervisors had routinely threatened their jobs and livelihood by suggesting that **outsourcing** was being considered for many of their **job descriptions.** They also warned workers that a prelude to outsourcing their jobs would be a **Time Management** study which might translate into permanent **layoffs**.

As a result of these threats there had been at least three documented altercations between the same two supervisors and several staff members. The exchanges had been heated and were not physical in nature but had left staff members angry and nervous. The anger and **employee dissatisfaction** had spread quickly through the ranks and created an immediate barrier between all the supervisory staff and the rank in file.

The local **shop steward** representing the workers had already issued a formal complaint of **harassment** but, unfortunately, I was only learning about this now. To make matters worse, one of the supervisors had allegedly used a racially derogatory term against a machine operator.

My first order of business, after hearing about these incidents was to direct Human Resources personnel to begin the process of **conflict resolution.** The company had no plans for outsourcing any of the existing jobs, nor were we planning any Time Management studies. The threats from supervisors had been mindless and unprofessional. The racial slur had been totally irresponsible and unacceptable coming from a representative of my management team. I needed to ensure that everyone working at Parker and Bowles was aware of this.

Given the **shoddy leadership skills** shown by these supervisors I asked Human Resources to review their **recruitment** policies for middle and upper management **personnel**. I also instructed that new **training** procedures be instituted for both these groups. I emphasized to Human Resources my expectation that in the future all staff be made aware of the vital importance of **diversity** and **inclusion** among all employees in the **workplace**.

As a natural follow-up to **recruitment and training procedures** I implemented a new program of **performance appraisals** that would be routinely scheduled every six months for both workers and management personnel.

As I was dictating these new directives to the **secretary** sent from Human Resources I noticed a frown building in her face.

"Is there anything I missed?" I asked curiously.
"Actually, Sir, there is one thing," she responded.

"There has been a great deal of talk among office staff lately about their wages. The guys down on the floor are **unionized**, but we are not. It seems there might be some room in these changes for some serious talk about **wage disparity."**

I smiled. She was right. The **founding members** of this company had a great and wonderful idea. The idea does come first, but after it follows the monumental task of making it happen. And that takes hard work.

"When you get back to your office, ask your **department head** to come and see me. I won't mention you were part of this conversation," I said.

The secretary laughed as she exited the office. "You won't regret it," she called over her shoulder.
"I know," I laughed.

Polyglot Planet Recommends:

Learn French - Bilingual Book
The Life of Cleopatra (French - English), from Bilinguals

Learn French - Bilingual Book
(French - English) The Adventures of Julius Caesar, from Bilinguals

Learn French - Bilingual Book
Vercingetorix vs Caesar - The Battle of Gaul, from Bilinguals

Other Books part of the Learn French Parallel Text Series:

Learn French - Parallel Text
Easy Stories

Learn French II: Parallel Text
Easy Stories (English - French)

Learn French III: Parallel Text
Short Stories (Intermediate Level)

Learn French IV: Parallel Text
Easy Stories

Print Edition

Text: Martina Nelli, David King, Andrew Wales, Maria Rodriguez
Editors: Michael Sullivans, Julia Schuhmacher,
Illustration: © khvost & Syda Productions (mod) / Fotalia.com
Website: www.polyglotplanet.ink
Email: polyglot@polyglotplanet.ink

6852506R00043

Printed in Germany
by Amazon Distribution
GmbH, Leipzig